Presented to

William Lassell, F.R.S., F.R.A.S.

by the Vice Chancellor

on behalf of the University

SPEECHES

DELIVERED BY

THE PUBLIC ORATOR

IN THE SENATE-HOUSE, CAMBRIDGE,

ON THE OCCASION OF

ADMITTING THE SEVERAL DISTINGUISHED PERSONS
TO HONORARY DEGREES

On June 16, 1874.

PRINTED AT THE REQUEST OF
HIS GRACE
THE CHANCELLOR OF THE UNIVERSITY.

CAMBRIDGE:
AT THE UNIVERSITY PRESS.
1875

CAMBRIDGE
UNIVERSITY PRESS

University Printing House, Cambridge CB2 8BS, United Kingdom

Published in the United States of America by Cambridge University Press, New York

Cambridge University Press is part of the University of Cambridge.

It furthers the University's mission by disseminating knowledge in the pursuit of education, learning and research at the highest international levels of excellence.

www.cambridge.org
Information on this title: www.cambridge.org/9781107623323

© Cambridge University Press 1874

First published 1874
First paperback edition 2014

A catalogue record for this publication is available from the British Library

ISBN 978-1-107-62332-3 Paperback

I.

THE RIGHT HONOURABLE

SIR ALEXANDER JAMES EDMUND COCKBURN, BART.,

Lord Chief Justice of the Court of Queen's Bench.

Facile est, ut aiunt, Athenienses inter Athenienses laudare. Vereor tamen ne fecisse videar id quod orator Atheniensis declinavit, si iurisconsulti, senatoris, iudicis summi nomen semel elocutus plura coram vobis disseram.

Ex his umbraculis egressus—quis vel nescit vel non gloriatur?—disciplinae forensis honores omnibus numeris absolutos decurrit. Magnum est, caussas argute, candide, fortiter oravisse; magnum, senatus non profuisse tantum sed plus semel lumen praetulisse consiliis; magnum, leges quae ius gentium definiunt ac muniunt voce neque trepida neque temeraria, mente recti studiosa, neutris acclini partibus, exposuisse; maius tamen et gravius, homini pulcrius, generis humani commodis utilius, sincerum exstitisse iudicem. Versatur in summo iudice rerum civilium quasi cardo et momentum; quo deflexo corruunt, quo incolumi stant ac sustentantur omnia.

Tacebo: satis dictum est caussae cur una voce summo iudici plaudatis Alexandro Cockburn.

II.

THE RIGHT HONOURABLE
SIR BARTLE FRERE, G.C.S.I., K.C.B.

Res Indiae bene geri, quo quisque totius imperii salutem pluris facit, eo cupit vehementius: servitutis conditione neminem teneri Britannis quidem omnibus placet. Sive vero rebus Indiae tuendis sive generis humani studetis libertati, duplici commendatione nititur huius viri dignitas.

Indiam seditione commotam ac tumultuantem quis non vel hodie prae oculis videtur habere qui fatalis anni nuntios ab oriente festinantes domi perhorrescens exspectaverit? Hic fuit inter eos qui talem provinciam tali face flagrantem compescuerunt, pacatam prudenter administrarunt. Vocat tamen in illius belli vestigiis morantem, vocat recentior laus. Tunc redegit in fidem rebelles; nuper vindicavit in libertatem servos. Videor audire voces eorum qui hoc demum assertore generis humani iura percepturi sunt huius frequentiae vocibus consonantes, dum favore vestro excipitur Henricus Bartle Frere.

III.

Sir William Stirling-Maxwell, Bart., M.P.

Quom fuerit inter huius proavos ille singulari prudentia vir qui totas eo contulit ingenii vires ut e duobus regnis, Anglia Scotiaque, unum fieret, tum inter Musarum sedes quas Scoti colunt Anglique arctior quaedam intercedet hodierni foederis colligatio cum huius honore coniuncta. Hic enim e nostra profectus umbra rector factus est primum eius Academiae cui nomen indidit Sanctus Andreas; mox eius quam fovet Edinburghum. Duplex diadema non tertia quidem corona, fronde tamen quamvis exili laetamur augeri. Legistis commentarios quos hic scripsit de Pictoribus Hispanis; legistis librum de Velasquio. Quid vero? An Caroli Quinti vitam in monasterium recepti nostis qualem hic depinxerit? Fateri debemus, Academici, hunc probavisse, vitam monasticam non semper esse optimam. Ignoscite tamen et plaudite; duco ad vos Wilelmum Stirling-Maxwell.

IV.

Sir Charles Lyell, Bart., F.R.S.

Dimidium, vetere proverbio, qui coepit, habet. Est tamen cum illius dicti possint oblivisci scientiarum studiosi. Quo nobilior est, quo utilior, quo magis omnium rumore celebrata nova quaevis scientia, eo plus gratiae debet iis haberi qui primas eidem vias muniverint, qui difficiles progressus adiuverint, qui laborem itineris toleraverint.

Meministis qua frequentia, quo maerore, quo tamen elatioris animi spiritu, proximo ineunte anno, nivibus solo sparsis, prosecuti simus Adamum Sedgwick. Socium laboris, socium spei, socium victoriae illius viri cui tunc valediximus hodie iubemus salvere. Quod Geologia revera scientia est; quod Geologiae φαινόμενα, quae vocant, perpetua annorum serie possunt explorari, hic inter primos docuit. Docuit eas leges quae hodiernos terrae affectus regant, easdem a prima mundi origine valuisse. Teruntur omnium manibus Elementa, Principia Geologiae ab hoc viro conscripta: qui vero Larvae illius Ascidianae propinquitatem libenter a se paullum removent non inviti lectitant recentius illud opus quod terrestrem demonstrat humani generis antiquitatem. Duco ad vos Carolum Lyell.

V.

Sir James Paget, Bart., F.R.S.

Tradit veterum poesis ipsum Olympi regem Aesculapio invidisse quod Hippolyto ad vitam revocato iura Plutonis imminuisset: audite Nasonem:

> Iuppiter, exemplum veritus, direxit in illum
> Fulmina qui nimiae moverat artis opem.

Si vero iam apud antiquos ars medendi tantos processus fecisse videbatur ut caeli posset invidiam concitare, de hodierna medicorum scientia quid nos sentimus, quibus persuasum est, nihil, quod hominum saluti prosit, summo Patri displicere? Vidimus mortis imperium inter terminos angustiores contrahi; vidimus, quasi signis legionum illatis, totam morborum cohortem recedere; vidimus, quo magis se diffudit philosophiae lux, eo maius aevi spatium mortalibus prorogari. Scitis omnes quid huic viro debeat ars chirurgica. Si commune est dolere, hic beneficio genus humanum devinxit communi. Nos tamen Britannos—quis non meminit?—officio iuvit proprio ac singulari. Dedit operam ut augustae matri filius, ut uxori maritus, ut regno Britanniarum heres ab ipso mortis limine redderetur. Quis est qui illius Novembris memoriam conservet quin gratiore etiam plausu nomen excepturus sit medici insignis Iacobi Paget?

VI.

Major-General Sir Garnet Joseph Wolseley, G.C.M.G., K.C.B.

Duo praecipue sunt belli genera in quibus cernantur virtutes imperatoriae. Unum est eiusmodi in quo pleraque secundum normas utrimque intellectas geruntur, neque aliud fere videndum est duci quam ut certis ac praemeditatis utens rationibus scientia scientiam praevertat. Alterum illud cuius conditiones usitatis disciplinae praeceptis non tenentur; in quo difficultates novae atque improvisae consiliis egent ex tempore reperiendis; in quo non modo, ut semper, sine ingenio claudicat disciplina, verum ipsa etiam experientia titubat nisi comes adsit inventio.

Reputate quas ob caussas hunc cum suis reducem Britanniae nuper exceperit acclamatio. Conflixerant pauci cum plurimis; pugnaverant alienae ultores iniuriae cum iis qui pro suis aris et focis dimicabant. Superaverant rerum asperitates, temporum angustias, locorum, caeli, populorum mortiferas fraudes; viderant ignibus flagrare humanis, divinos meritam, nefariam illam Coomassiae urbem quae nimium fuerat diu civium laniena. Aboleverant barbarae crudelitatis vestigia; patriam vindicaverant humanitatis vindicem. Gratias imperatori, quas Anglia iam solvit, nunc offert Academia, laetans quod illi Maronis arbori similis est nostratium propago; laetans quod

> uno avulso non deficit alter
> Aureus, et simili frondescit virga metallo.

VII.

THE HONOURABLE ROBERT WINTHROP,

President of the Historical Society of Massachusetts, Hon. F.S.A.

Tracto nomen huic Academiae vetere caritatis vinculo coniunctum cum de hoc viro loquor; neque gratius quicquam nobis potest accidere quam ut talis amicitia, quae latis maribus, longis seculorum spatiis non dirupta quidem illa sed tamen intermissa est, tali congressione redintegretur. Annus agitur fere trecentesimus ex quo Collegium Magdalenae alumnum habuit unum ex huius maioribus; cuius postea filio contigit ut ei ipsi civitati, cui hic hodie ornamento est, nascenti auctor existeret. Speramus igitur veniam nobis iri datum si hunc non ab omni parte hospitem sed avita saltem cognatione nostrum appellamus. Quas autem in historiis explorandis hic operas collocaverit, omnibus illarum studiosis artium credo esse notum. Testatur honos qui domi huic est redditus quom Societatis Historicorum praeses factus est. Testatur ascriptio honorifica in societatem, quae apud nos est, antiquitatis peritorum. Addimus hoc corollae qualiscunque munus non doctrinae tantum, sed illi etiam doctrinae amori qui ipsam vivam conservat, viventem promovet, crescentem alto proposito destinat. Duco ad vos Robertum Winthrop.

VIII.

Sir George Gilbert Scott, R.A.

Hoc est proprium eorum qui in arte aedificandi praecellent quod suarum mentium sensu ac quasi spiritu totum genus humanum possunt afficere. Scriptores laudantur saepe et negliguntur; pictorum, sculptorum opera in apothecis interdum latent; musicus, simul vox et chordae siluerunt, docere desinit; magna vero aedificia omni tempore et omnibus loquuntur; magni aedificii opifex advocatum potest nunquam desiderare; semper in conspectu Capitoli Manlius iudicatur.

Si dicam de hoc illustri viro, 'Nihil tetigit quod non ornavit'; animo forsan audiat minus grato. Illa malim dicere; Nihil fecit quod ab arte discessit; nihil refecit quod ad artem non revocavit. Testis, ut ab externis ordiar, Sancti Nicolae Aedes Hamburgensis; testis Oxonia, sive Exoniae Collegium respicitis sive prius illud opus famam signans eorum qui pro fide mortem occubuerunt; testes tot Ecclesiae, Sarisburiensis, Herefordiensis, Eliensis, aliae complures; testis denique Cantabrigia et Collegium Divini Iohannis. Quo tamen contendimus ut intra hos parietes verbis exprimatur ea laus quam suus cuique visus, simul foras exierit, interpretabitur? Speramus huic vere exactum esse monumentum

> Quod non imber edax, non aquilo impotens
> Possit diruere, aut innumerabilis
> Annorum series.

IX.

George Salmon, D.D.,

Regius Professor of Divinity in the University of Dublin.

Sive Sanctae Theologiae ratio habetur, sive operae studiis Mathematicis deditae, notum est vobis quem locum teneat, non dico in Britannia sed in Europa, Academia Dubliniensis. Laeti poteramus excipere talis Academiae alumnum sive in altero genere studiorum sive in altero praecelleret. Id vero singularis est nostrae felicitatis quod hodierno die virum duabus simul facultatibus egregium salutamus. Hic enim, Regius Sanctae Theologiae Professor, idem mathematicus est eximius.

Victoriarum quas in altioribus Mathematicae partibus reportat exquisitior scientia ea est conditio, sive parum felix sive magis invidenda, quod eas ab encomio triviali ipsa rerum obscuritas defendit. Omitto prudens ea quae interioris sunt artis; illud praedico, quod sciunt mathematici, hunc virum novae ac difficillimae provinciae non tam auxiliarem esse opitulatum quam principem aquilas intulisse. Socio Regiae Societatis totque aliis doctorum collegiis ascripto id quod nos quoque possumus tribuere gaudemus. Duco ad vos Georgium Salmon.

X.

WILLIAM STOKES, D.D.,

Regius Professor of Physic in the University of Dublin.

Ut singulis locis, privatis domibus salutarem ac paene maiorem quam est hominis opem potest afferre felix illa medicinae ars, ita munus interdum sibi vindicat locorum spatiis universum, benevolentiae complexu publicum. Sunt quaedam communes sanitatis leges, quae ut intelligantur non unius tantum foci, non regionis, sed populi totius interest. Perfecerunt huius viri labor, assiduitas, ingenium, doctrina ut quas vitales auras in aegroto hoc vel illo lenibus remediis faciliores facit, has totae urbes, pestem vel patientes vel passurae, veneno liberatas hauriant. Magnas unusquisque mortalium debet gratias ei qui lentae illi pulmonum tabi succurrit; ampliore tamen beneficio totum terrarum orbem is affecit, qui vicos, qui oppida, qui nationes pestilentiam propulsare docuit. Regium nuper Medicinae Professorem, ne ceteros enumerem honores, Regii Professoris filium, et suo et patris et Academiae Dubliniensis nomine iubemus— id quod ipse tot aegros iussit—salvere. Duco ad vos Wilelmum Stokes.

XI.

Edward Augustus Freeman, M.A., Hon. D.C.L. Oxon.

Viro qui inter historiae et antiquitatis studiosos principalem tenet ordinem, meministis quam frequens haec curia abhinc biennio plauserit eloquenti. Cuius merita tot et tam eximia vel percensere vel commendare neque coram vobis opus est neque verecundia patiatur. Duas tamen volo res animadvertere, quae, iudicante non populo sed Academia, huic viro summae laudi sunt.

Hoc primum, quod cum nonnullis Historiae Musa videatur, ut Sophoclis utar verbis,

$$τοὐπιόντος\ ἁρπάσαι,$$

hic docuit, historiae scientiam cum exacta linguarum peritia, non veterum, quae vocantur, tantum, non solarum recentiorum, sed omnium, arctissime esse coniunctam. Qui litteras non ad amussim calleat, is historicus esse non potest. Illud alterum quod, cum plurimi putent eum posse res Anglorum gestas intelligere qui Graecorum nesciat; eum Romae se sentire domi qui Francorum ne nomen quidem auribus admiserit; hic docuit, esse historiae non scientias sed scientiam; partes eius individuas, summam esse unam. Duco ad vos Edvardum Augustum Freeman.

XII.

Urbain Jean Joseph Leverrier,

Member of the Academy of Sciences of France and Director of the Observatory, Paris.

Magnum Galliae astronomum Cantabrigienses iubemus salvere. Decus est illud astronomiae quod, cum ceterarum provincias artium alias alii limites et ab oculis et ab otio plurimorum separent, omnium conspectui patet illa caeli nocturni sublimis et lucida tranquillitas, omnium vacuis respondet horis illa nocturni temporis immensa pax. Nescio an hoc ipsum caussae sit quod notum illud ἀοιδὸς ἀοιδῷ in huius scientiae principes rarissime quadrat. Terrestres sunt ii minus quo magis caelestia sequuntur; infinita contemplari, hoc est supra caduca et pusilla surgere. Novimus ab exordio qualis fuerit huius viri cursus; scimus quod vere de illo dici potest, *Qualis ab incepto.* Chemicae primum rationes exploravit. Mox astronomiae se totum dedidit. Nunc, ut prius, astronomicae Parisiorum speculae res administrat. Quid vero de praeclaro illo dicam facto, quid dicam de invento Neptuni sidere? Maiorem aio eam esse laudem quae cum magno participetur. Venit mihi in mentem veteris illius fabulae, quae narrat Neptunum Dioscuris fuisse propitium, Neptunum non uni fratri, sed duobus, arrisisse,

> quorum simul alba nautis
> Stella refulsit.

Duco ad vos Urbanum Leverrier.

XIII.

Joseph Gouge Greenwood,

Principal and Professor of Greek, The Owens College,
Manchester.

Invaluit nuper mos nescio quis loquendi tanquam
litterarum studia apud eos minus vigere possint qui
in commerciis plurimum versentur; quasi ceteros Musae
velint omnes sibi deditos, negotiatores nolint. Nos
Angli—quis non audivit dictitari—toti sumus in mer-
cibus mutandis: altioribus disciplinis non vacamus.
Nullum Angliae oppidum negotiis abundat magis ac
viget quam Mancunium. Quid vero? Collegium Man-
cuniense, cui nomen Owens indidit, nulli cedit alteri,
sive praeceptorum claritatem, sive docendi rationes,
sive fructus aestimetis inde perceptos et percipiendos.
Laetamur oblato tempore honorifice excipiendi docti
illius viri qui tali collegio praesidet. Auget gratiam
quod ipse Graecarum insignis peritia litterarum ido-
neus est qui viros utilia sequentes etiam pulcra
mirari doceat, quique in celebri illa urbe, fumo, opi-
bus, strepitu plena, discipulos a vulgo paullum secre-
tos ad serenum Palladis limen perducat,

$$\pi\alpha\rho\theta\acute{\epsilon}\nu o\upsilon\ \phi\acute{\iota}\lambda\alpha\varsigma\ \phi\acute{\iota}\lambda o\upsilon\varsigma$$
$$\sigma\omega\phi\rho o\nu o\hat{\upsilon}\nu\tau\alpha\varsigma\ \acute{\epsilon}\nu\ \chi\rho\acute{o}\nu\omega.$$

Duco ad vos Iosephum Greenwood.

XIV.

GEORGE BENTHAM, F.R.S.,

Late President of the Linnæan Society.

Si nunc esset in vivis ille pater artis herbariae Linnaeus, multos quidem invenire posset eiusdem disciplinae fautores de quibus iure sibi posset gratulari; vix quemquam tamen, opinor, quo magis gauderet quam eum qui intra hos paucos dies Societatis Linnaeanae praeses esse desiit. Quod de caritate dicitur, idem de arte herbaria valet; a domo debet ordiri. Nihil tamen vero artis herbariae incremento magis officit quam campus operandi nimis angustus. Eo plus gratiae debetur ei qui non Angliae modo Florae sed etiam coloniarum studium impendat. Flora Australiensis, Flora Sinensis, ut alias praeteream, sic ab hoc viro sunt observatae diligenter ut ab alio fere nemine: testantur commentarii quos auctoritate publica conscripsit. Vetus illud proverbium, 'Noscitur a sociis,' non minus in eruditos quadrat. Socium laboris hic habet virum quem nominare laudare est, Josephum Hooker: edunt enim opus quod inscribitur De Generibus Plantarum, quorum pars non minima ab huius manu profecta est. Sed Virgilio eatenus quidem similem se nostra sentit oratio quod hortos canere volentem spatia excludunt. Duco ad vos Georgium Bentham.

XV.

William Lassell, F.R.S., F.R.A.S.

Ut alii novas terrarum regiones explorant, alii chartis inventas describunt, eadem est astronomis quoque munerum partitio. Muneri tamen utrique parem hic vir se praestitit. Scitis quod primus Iohannes Herschel australis poli stellas ita servavit attente ut cum poli borealis stellis comparari possent. Annus est vicesimus secundus ex quo praeclarus hic astronomus Melitam profectus est, eo consilio ut Iohannis Herschel labores continuaret ac perficeret. Attulit secum instrumenta quae, cum alienae nollet operae confidere, sua ipse manu comparaverat. Quibus utenti inter alia evenerunt haec; primum, ut Neptuni satellitem inveniret; deinde, ut satellitem Saturni octavum; mox alios aliorum siderum; neque tale praetermisit tempus quin Urani satellites denuo specularetur. Anno abhinc decimo tertio Melitam iterum profectus triennium ibi mansit iisdem studiis incumbens. Iuvat ea recordari quae dixit Iohannes Herschel, tum cum Regiae Societatis aureum numisma huic viro in manus tradidit: "Est hic ex iis qui melioris adventum temporis suo maturant exemplo, cum monstrent sic demum civiles esse homines si mentis voluptates corporeis praeponant, splendore et luxu facile carituri dum artes et scientiae crescant." Duco ad vos Wilelmum Lassell.

XVI.

JAMES RUSSELL LOWELL,

Professor of Modern Languages and Belles Lettres in the University of Harvard, Cambridge, Massachusetts.

Quod Isocrates de formae venustate dicit, idem certe de vera poesi valet: omnes extemplo facit amicos. Difficillima igitur celebris poetae commendatio quia nullius eget praedicatione. Qui nostris intimus est in laribus, quocum horas communicavimus ab aliorum colloquio semotas, hic ut extraneo nobis ore commendetur quo pacto ferre possumus? Optime, credo, faciunt, qui de claro poeta dicentes sic ad talis fanum nominis appropinquant ut veteres silentium dearum cultores,

$$\dot{\alpha}\phi\acute{\omega}\nu\omega\varsigma, \; \dot{\alpha}\lambda\acute{o}\gamma\omega\varsigma \; \tau\grave{o} \; \tau\hat{a}\varsigma$$
$$\epsilon\dot{v}\phi\acute{a}\mu o\upsilon \; \sigma\tau\acute{o}\mu\alpha \; \phi\rho o\nu\tau\acute{\iota}\delta o\varsigma \; \dot{\iota}\acute{e}\nu\tau\epsilon\varsigma.$$

Aegre tamen gratus animus silet coram eo cui multa debeat. Quis non huius legit acres illas et lenes easdem satiras in quibus ut Flaccus olim 'omne vafer vitium ridenti tangit amico'? Cui non huius illud poema notum quod animat Prometheus Aeschyleo gravior, Shelleiano humanior? Sive Caucasum iuvat apricis terrarum regionibus mutare, hic *Ad Focum* sedens itinerum memorias recolligit; sive varia mentis humanae lustrare studia, per huius *Musaei Fenestras* illucent. Academiae Harvardiensis eximio professori, viro de litteris in omni genere praeclare merito, poetae per Europam celebrato plaudite. Duco ad vos Iacobum Russell Lowell.

www.ingramcontent.com/pod-product-compliance
Ingram Content Group UK Ltd.
Pitfield, Milton Keynes, MK11 3LW, UK
UKHW012021280225
455719UK00011B/419